낱말을 보고 상상하고 이야기해요

내가 만드는
생각그물사전

낱말을 보고 상상하고 이야기해요

내가 만드는
생각그물사전

박선영·정예원 지음

김푸른 그림

주니어마리

| 작가의 말 |

내 마음대로 상상하고 이야기하는
생각그물사전 만들기

친구들, 반가워요!

'고양이'라는 말을 들으면 무엇이 떠오르나요? 폭신한 젤리 발바닥? 치즈처럼 예쁜 노란 털? 정해진 답은 없어요. 왜냐하면 사람마다 모두 생각이 다르니까요. 이 책은 여러분이 마음껏 상상하고 이야기하며 만들어가는 특별한 사전이에요.

혹시 《내가 만드는 사전》에 나오는 다람이와 다람이 엄마를 기억하나요? 여러분도 다람이처럼 친구와 함께, 가족과 함께 '나의 국어사전 만들기' 놀이를 해보세요. 낱말로 국어사전을 만들며 생각 놀이도 해 봐요.

생각은 참 신기해서, 하나를 떠올리면 꼬리에 꼬리를 물고 다른 생각들이 계속해서 이어져요.

내 마음속 생각을 어떻게 따라갈까요? 먼저 아홉 살 다람이가 만든 '다람이 사전'을 보며 상상의 나래를 펼쳐 보세요. 그다음, 낱말(생각 단어)을 보고 떠오르는 생각들을 빈 동그라미에 자유롭게 쓰거나 그려 봐요.

이 사전 만들기 놀이에서는 '이야기'가 가장 중요해요. 내가 왜 그렇게 생각했는지 가족이나 친구들과 이야기를 나누고 각자의 뜻풀이를 비교해 보세요. "왜 그렇게 생각했어?", "그렇구나!" 하는 말들을 주고받다 보면, 서로의 마음을 더 깊이 알아갈 수 있을 거예요.

이렇게 여러분의 상상과 이야기를 모아 사전을 만드는 시간은 아주 소중한 추억이 될 거예요. 세상에서 단 하나뿐인 나의 국어사전도 만들어지지요.

자, 그럼 준비됐나요? 나만의 사전 만들기, 함께 시작해 볼까요?

2025년 9월

다람이 엄마 박선영, 다람이 정예원

나의 《생각그물사전》을 만드는 방법

친구들은 '고양이', '별', '열매' 같은 말을 보면 어떤 생각이 떠오르나요? 생각 하나를 떠올리면 마음이 몽글몽글, 생각이 방울방울, 여러 생각이 계속해서 이어지는 경험을 해 본 적이 있지 않나요? 이 책과 함께 그 생각의 꼬리를 따라가 볼까요?

먼저 생각그물의 씨앗이 되는 '생각 단어'와 아홉 살 다람이가 만든 '다람이 사전'을 읽어 보고, '국어사전'에 나오는 뜻도 살펴보세요.

다음, 낱말을 보고 떠오르는 말들을 빈 동그라미에 자유롭게 적고, 말풍선 속 재미있는 질문에도 답해 보세요.

끝으로 앞의 활동을 하며 떠오른 생각들을 모아 내 사전에 뜻풀이를 써 보세요. 그럼, '나의 생각그물사전'이 완성되지요.

① 생각 단어
생각그물을 처음 시작하는 중심 말.

② 다람이 사전
다람이가 생각한 낱말 풀이예요.

③ 국어사전
국어사전에 나오는 낱말 풀이를 읽기 좋게 다듬었어요.

④ 빈 동그라미 채우기
생각 단어를 보고 떠오르는 말을 써 봐요.

⑤ 말풍선 속 질문에 답하기
말풍선 속 질문을 보고 대답해 보세요.

⑥ 내 사전
'다람이 사전'처럼 내 사전을 만들어 보세요.

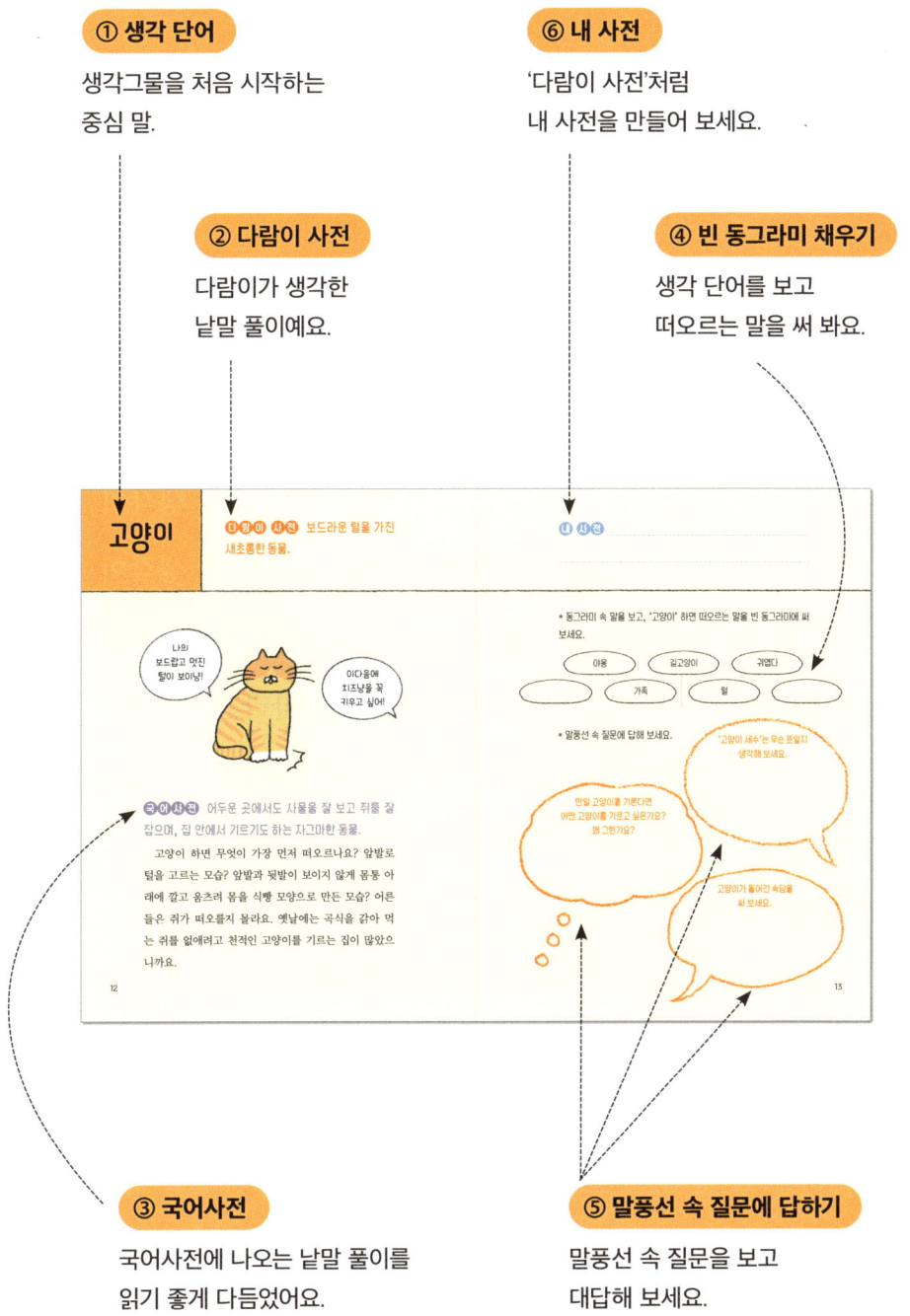

 《내가 만드는 생각그물사전》으로
놀이를 해 봐요!

생각 기차 놀이

한 사람이 낱말을 보고 떠오르는 생각을 말하면, 다음 사람이 그 생각에 꼬리를 무는 말을 이어 가는 거예요. 생각 기차가 어디까지 가는지 따라가 보세요!

알록달록 생각그물 그리기 놀이

빈 동그라미에 글씨 대신 그림을 그려도 좋아요. 말들을 모두 쓴 뒤에는 선으로 이어 진짜 '그물'을 만들어 보세요.

> 왜? 왜? 놀이

가족 또는 친구들과 생각 단어의 뜻풀이를 나눌 때 "왜 그렇게 생각했어?", "왜 마음이 그랬어?" 하고 꼭 물어보세요. 가족이나 친구의 마음속 생각을 여행하는 특별한 시간이 될 거예요.

이처럼 생각그물사전으로 놀이를 하다 보면, 내 마음속 생각과 가족이나 친구들의 생각을 함께 나눌 수 있어요. 이렇게 낱말 하나로 대화를 시작해 풍성한 이야기를 나누며 서로의 마음을 알아가 봐요. 서로의 생각이 어떻게 다른지 비교해 보는 것도 재미있을 거예요.

| 차례 |

작가의 말 **4**
나의 《생각그물사전》을 만드는 방법 **6**
《내가 만드는 생각그물사전》으로 놀이를 해 봐요! **8**

고양이 **12**	단짝 **24**	세탁기 **36**
궂다 **14**	닭 **26**	아빠 **38**
녹슬다 **16**	떡 **28**	발 **40**
목련 **18**	말맛 **30**	가슴 **42**
별 **20**	잔소리 **32**	배꼽 **44**
눈웃음 **22**	체중계 **34**	빛 **46**

벚꽃 48	시험 56	유리병 64
파도 50	달력 58	밥 66
늙다 52	싫다 60	연필깎이 68
슬프다 54	뽈 62	송곳 70

여드름 72	인생 80	폭풍우 88
삐딱하다 74	열매 82	아쉬움 90
삐지다 76	자르다 84	사랑하다 92
사과하다 78	산타 86	

찾아보기 95

고양이

다람이 사전 보드라운 털을 가진 새초롬한 동물.

국어사전 어두운 곳에서도 사물을 잘 보고 쥐를 잘 잡으며, 집 안에서 기르기도 하는 자그마한 동물.

고양이 하면 무엇이 가장 먼저 떠오르나요? 앞발로 털을 고르는 모습? 앞발과 뒷발이 보이지 않게 몸통 아래에 깔고 움츠려 몸을 식빵 모양으로 만든 모습? 어른들은 쥐가 떠오를지 몰라요. 옛날에는 곡식을 갉아 먹는 쥐를 없애려고 천적인 고양이를 기르는 집이 많았으니까요.

_____

_____

* 동그라미 속 말을 보고, '고양이' 하면 떠오르는 말을 빈 동그라미에 써 보세요.

(야옹) (길고양이) (귀엽다)

(   ) (가족) (털) (   )

* 말풍선 속 질문에 답해 보세요.

'고양이 세수'는 무슨 뜻일지 생각해 보세요.

만일 고양이를 기른다면 어떤 고양이를 기르고 싶은가요? 왜 그런가요?

고양이가 들어간 속담을 써 보세요.

궂다

다람이 사전 날이 좋지 않아 내 기분도 좋지 않다.

국어사전 날씨가 험하고 나쁘거나 싫다.

눈이나 비가 와서 날씨가 좋지 않을 때 '날이 궂다'라고 해요. 그런 날에 평소에 하지 않던 행동을 하기도 하고, 날이 궂기 전에 몸이 여기저기 아픈 증상이 나타나기도 하죠. 이를 '날궂이한다'라고 해요.

 _____

_____

---

* 동그라미 속 말을 보고, '궂다' 하면 떠오르는 말을 빈 동그라미에 써 보세요.

눈   비   날씨

( )   흐리다   부침개   ( )

'궂다'와 비슷한말은?

* 말풍선 속 질문에 답해 보세요.

'궂다'의 반대말은?

'궂다'를 넣어 짧은 글짓기를 해 보세요.

15

녹슬다

🐿️ 다람이 사전 예쁘게 반짝이던 것이 빛을 잃어 어두운 색을 띠다.

📘 국어사전 쇠붙이가 공기 중의 산소와 결합하여 색이 변하다. (비유적으로) 오랫동안 쓰지 않아 낡아지다.

문고리, 목걸이, 수도꼭지 등이 녹슨 걸 본 적이 있나요? 녹은 금속에 산소나 소금기가 닿으면 색이 검거나 파랗거나 빨갛게 변하면서 생겨요. '녹슬다'는 사물뿐 아니라 사람에게도 써요. '머리가 녹슬었는지 이젠 잘 안 외워져.'처럼요.

_____

_____

---

* 동그라미 속 말을 보고, '녹슬다' 하면 떠오르는 말을 빈 동그라미에 써 보세요.

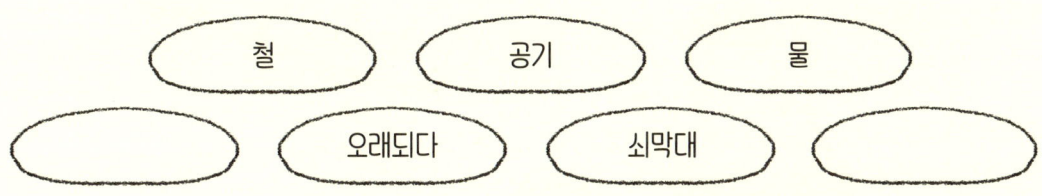

* 말풍선 속 질문에 답해 보세요.

내 주변에 녹이 슨 물건이 있나요?

'머리가 녹슬다'는 어떤 뜻일까요?

'녹슬다'라는 말로 짧은 글짓기를 해 보세요.

목련

🐿️ 다람이 사전 보기만 해도 마음이 환해지는 하얀 사탕 같은 봄꽃.

📘 국어사전 목련과 나무인 자목련, 백목련 따위를 통틀어 이르는 말.

우리가 일상적으로 '목련'이라고 하는 꽃은 '백목련'이에요. 백목련은 꽃잎과 꽃받침이 구별되지 않고 꽃잎이 넓적하고 풍성해요. 그에 비해 목련은 꽃잎과 꽃받침이 구별되고 꽃받침에 잎이 달려 나고 꽃잎은 좁고 작아요. 제주도 곶자왈 등에서 자생해요.

내 사전

_____

_____

* 동그라미 속 말을 보고, '목련' 하면 떠오르는 말을 빈 동그라미에 써 보세요.

(꽃)　(봄)　(꽃봉오리)

(　)　(향기)　(　)　(　)

* 말풍선 속 질문에 답해 보세요.

목련은 어느 계절에 피는 꽃인가요?

목련을 본 적이 있나요? 언제, 어디서 보았나요?

목련이 피면 무엇을 하고 싶은가요?

19

별

다람이 사전 달의 친구.

국어사전 밤하늘에 반짝이는 달이 아닌 천체.

무언가를 얻거나 이루기 매우 어려운 상황일 때 '하늘의 별 따기'라고 해요. 밤하늘의 별이 손을 뻗치면 닿을 것 같아도 저 멀리 있어 닿지 않는 것처럼요. 별은 가까이에 있는 것처럼 보여도 엄청나게 멀리 떨어져 있어요.

 _____

_____

* 동그라미 속 말을 보고, '별' 하면 떠오르는 말을 빈 동그라미에 써 보세요.

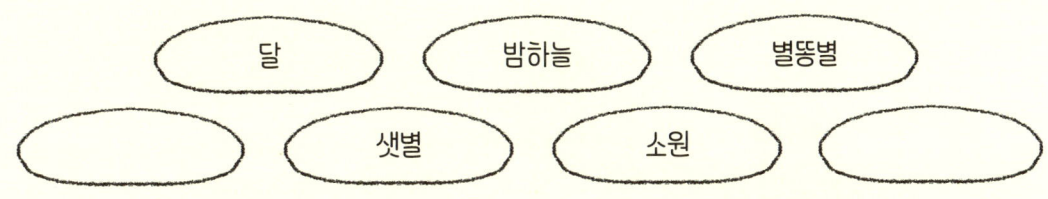

* 말풍선 속 질문에 답해 보세요.

별이 들어간 낱말을 써 보세요.

별이 들어간 속담을 써 보세요.

별에 관한 추억이 있다면 써 보세요.

눈웃음

다람이 사전 말하지 않아도 전해지는, 눈의 따뜻한 표정.

국어사전 소리 없이 눈으로만 가만히 웃는 웃음.

눈웃음 뒤에는 어떤 말이 주로 따라올까요? '눈웃음을 띠다', '눈웃음을 보이다', '눈웃음을 웃다', '눈웃음을 짓다', '눈웃음을 치다' 등 표정과 관련된 동사가 이어지지요.

 내 사전 _____

_____

* 거울을 보고 눈웃음을 한번 지어 보세요. 동그라미 속 말을 보고, '눈웃음' 하면 떠오르는 말을 빈 동그라미에 써 보세요.

(웃다)   (이모티콘)   (행복)

(   )   (미소)   (함박웃음)   (   )

(함박웃음은 어떤 웃음인가요?)

* 말풍선 속 질문에 답해 보세요.

(코웃음, 비웃음은 어떤 웃음인가요?)

(상대가 나에게 눈웃음을 지으면 어떤 기분이 드나요?)

단짝

다람이 사전 늘 어울려 지내는 가장 친한 친구. 딱풀처럼 붙어 있고 싶다.

연필 단짝은 지우개.
내 단짝은 지연이.
엄마 단짝은?

국어사전 아주 친해서 항상 함께 다니는 사이. 또는 그러한 친구.

단짝 하면 주로 몇 명인 것 같나요? 단둘로 이루어진 짝이므로 두 명? 단짝이 되는 사람 중 한 명을 단짝 친구라고 하니까 한 명? '우리는 둘도 없는 단짝이다', '그 애는 내 소중한 단짝이다'처럼 쓰임에 따라 두 명이기도 하고 한 명이기도 해요.

 내 사전

* 동그라미 속 말을 보고, '단짝' 하면 떠오르는 말을 빈 동그라미에 써 보세요.

- 짝꿍
- 비밀
- 친구
- 실
- 바늘

* 말풍선 속 질문에 답해 보세요.

- 나의 단짝 친구는 누구인가요?
- 단짝이 되고 싶은 친구가 있나요? 왜 그런가요?
- 친구와 언제, 어떻게 단짝이 되었나요?

닭

다람이 사전 엄마가 내 볼을 쥐고 연달아 뽀뽀하면 다리부터 오돌토돌해져 변신하는 동물. 또는 그런 모습의 나.

국어사전 날개가 퇴화하여 잘 날지 못하고 다리가 튼튼하며, 고기와 알을 얻기 위해 가장 많이 기르는 새.

    닭은 왜 새벽에 울까요? 닭이 빛을 느끼는 순간, 뇌에서 몸속으로 어떤 물질이 내보내진대요. 그래서 아주 적은 빛만 있어도 닭은 해가 뜨는 것을 느끼고, '꼬끼오' 우는 거래요.

내 사전 _____

_____

* 동그라미 속 말을 보고, '닭' 하면 떠오르는 말을 빈 동그라미에 써 보세요.

치킨   병아리   알

닭살

* 말풍선 속 질문에 답해 보세요.

닭을 본 적이 있나요? 언제, 어디서 보았나요?

닭이 들어간 속담을 써 보세요.

'소 닭 보듯 한다'라는 말을 알고 있나요? 어떤 뜻인지 써 보세요.

떽

다람이 사전 뭔가가 언짢거나 하지 말라고 혼낼 때 짧게 지르는 말.

떽! 어디 혼자서 열리고 그래?

국어사전 자기보다 어린 사람을 혼내는 소리. '떼기'의 준말.

 '떽'은 자기보다 어린 사람을 혼낼 때 써요. '떽! 어린애가 못 하는 말이 없어.'처럼요. 요즘엔 별로 쓰지 않는 것 같아요. 어린아이의 말인 '떼찌'는 여전히 많이 쓰여요.

내 사전

_____

_____

* 동그라미 속 말을 보고, '뗵' 하면 떠오르는 말을 빈 동그라미에 써 보세요.

(떼끼)   (예끼)   (꾸중)

(   )   (못마땅함)   (잘못)   (   )

* 말풍선 속 질문에 답해 보세요.

> 뗵이라는 말을 들어 본 적이 있나요? 언제 들어 봤나요?

> 다음 낱말의 뜻을 사전에서 찾아 써 보세요.
> 떼끼 _____
> 떼찌 _____

> 뗵 대신 쓸 수 있는 말을 써 보세요.

말맛

🐿️ 다람이 사전 상황에 따라 다르게 느껴지는 말의 느낌.

엄마 말에선 여러 가지 맛이 나. 혼낼 때는 아이 써. 예뻐해 줄 때는 으음~ 달달해.

🔵 국어사전 말소리나 말투의 차이에 따른 느낌과 맛.

이 세상 모든 말에는 고유의 말맛이 있어요. 말맛을 살려 말을 하면 듣는 사람에게 말하는 사람의 마음이 잘 전달되어요.

 내 사전 ....

....

---

* '말맛'은 몇 가지나 될까요? 동그라미 속 말을 보고, '말맛' 하면 떠오르는 말을 빈 동그라미에 써 보세요.

(느낌)   (맵다)   (부드럽다)

(아프다)   (   )   (재미있다)   (   )

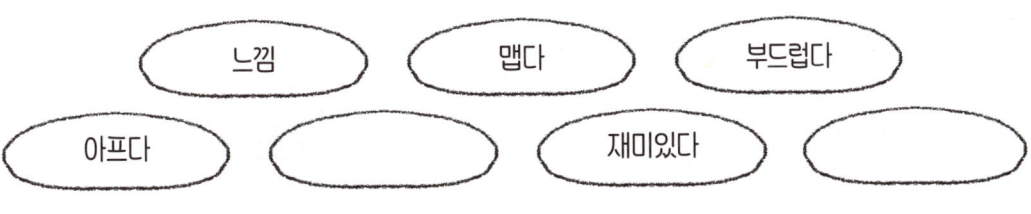

나의 말맛이 어떤지 써 보세요.
그 이유도 써 보세요.

* 말풍선 속 질문에 답해 보세요.

가장 친한 친구의
말맛이 어떤지 써 보세요.
그 이유도 써 보세요.

나는 어떤 말맛을 내는 사람이
되고 싶은가요?

잔소리

다람이 사전 우리가 소파에 누워서 빈둥거릴 때 엄마가 길게 하는 말.

국어사전 쓸데없이 자질구레한 말을 늘어놓음. 또는 그 말.

'잔소리가 듣기 싫다'라는 뜻으로 흔히 '두말하면 잔소리, 세 말 하면 입 아프다'라고 해요. 앞서 말한 내용이 맞으므로 더 말할 필요가 없다는 뜻이에요.

_____

_____

* '잔소리'는 언제 들어요? 동그라미 속 말을 보고, '잔소리' 하면 떠오르는 말을 빈 동그라미에 써 보세요.

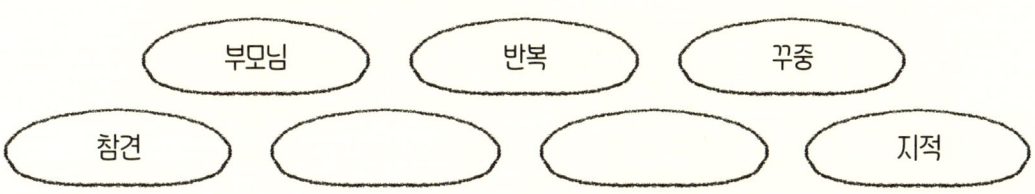

* 말풍선 속 질문에 답해 보세요.

'두말하면 잔소리'는 어떤 의미일까요?

잔소리를 넣어 짧은 글짓기를 해 보세요.

잔소리는 듣기 좋은 말인가요, 듣고 싶지 않은 말인가요? 왜 그렇게 생각하는지 써 보세요.

33

체중계

다람이 사전 사람들이 올라갈 때마다 고장 났다는 말을 듣는, 억울하고도 정직한 물건.

국어사전 몸무게를 재는 데에 쓰는 저울.

세월이 흐르면서 체중계의 모습도 많이 달라졌어요. 처음에는 두 발로 올라서면 바늘이 휘리릭 돌아가 숫자를 가리키는 방식이었지요. 그러다 화면에 숫자를 나타내는 방식, 핸드폰과 연동되는 스마트 방식으로 바뀌었어요.

내 사전

_____

_____

* 동그라미 속 말을 보고, '체중계' 하면 떠오르는 말을 빈 동그라미에 써 보세요.

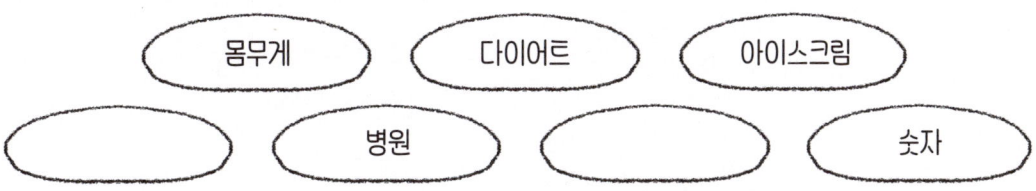

* 말풍선 속 질문에 답해 보세요.

우리 집에 있는 체중계는 어떤 체중계인가요? 체크해 보세요.
☐ 저울의 바늘이 왔다 갔다 하는 기계식 체중계
☐ 숫자가 나오는 디지털 체중계

체중계는 어디에서 볼 수 있는지 써 보세요.

체중계에 올라갈 때 어떤 생각을 하나요?

세탁기

🟠다🟠람🟠이 🟠사🟠전 옷에 묻은 먼지를 떨고 물로 닦으며 병균을 씻어 내는 우리 집 의료진.

세탁기가 힘들다고 쿵쾅쿵쾅해.

🟣국🟣어🟣사🟣전 빨래하는 기계.

'세탁기를 돌리다'는 두 가지 뜻으로 쓰여요. '늦은 시간에 세탁기를 돌리면 이웃에게 피해를 줍니다'처럼 '세탁기를 작동하다'는 뜻으로도, '혹시 세탁기 안 돌렸어?'처럼 '빨래하다'의 뜻으로도 쓰여요.

_____

_____

---

* 동그라미 속 말을 보고, '세탁기' 하면 떠오르는 말을 빈 동그라미에 써 보세요.

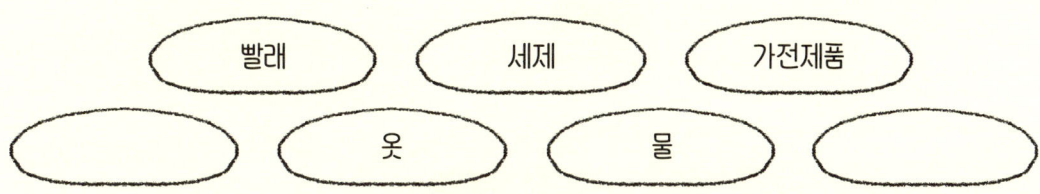

* 말풍선 속 질문에 답해 보세요.

우리 집 세탁기는 하루에 몇 번 돌아가나요?

세탁기의 '세탁'이라는 말은 어떤 뜻인지 써 보세요.

세탁기가 없던 시절엔 어떻게 빨래했을까요? 떠오르는 대로 써 보세요.

아빠

다람이 사전 귀엽고 큰 74킬로그램짜리 풍선.

국어사전 격식을 갖추지 않아도 되는 상황에서 '아버지'를 이르거나 부르는 말.

   요즘 '아빠'와 함께 쓰이는 '아빠 미소', '아빠 찬스'라는 말을 들으면 어때요? 다정하게 대해 주고 든든하게 도움을 주는 아빠의 모습이 담겨 있는 것 같아 힘이 되지 않나요?

* 동그라미 속 말을 보고, '아빠' 하면 떠오르는 말을 빈 동그라미에 써 보세요.

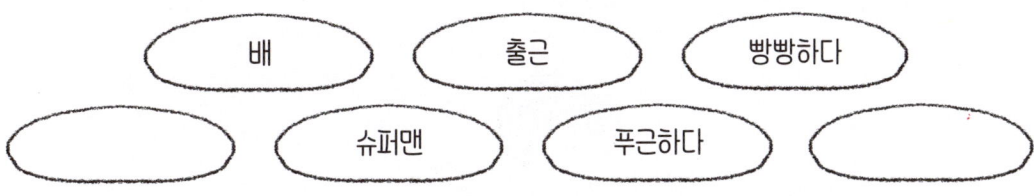

* 말풍선 속 질문에 답해 보세요.

아빠를 색깔로 표현한다면 무슨 색일까요? 그렇게 생각한 이유는?

동요 〈아빠하고 나하고〉 노래를 부르며 노랫말을 써 보세요.

아빠의 형제자매를 어떻게 부를까요?

아빠의 여자 형제는 (   )

아빠의 남자 형제는 (   )

발

다람이 사전 발목에 붙어 있는, 많이 움직여 몸에서 가장 못생긴 부분.

국어사전 사람이나 동물의 다리 맨 끝부분.

발은 몸무게를 버텨 몸의 균형을 유지하게 해요. 걷거나 달릴 수도 있게 하고요. 발이 있어야 활동할 수 있고 생활할 수 있어요. 사람들을 잘 사귀고, 폭넓게 만나는 사람을 발에 비유해서 '마당발'이라고 해요.

---

* 동그라미 속 말을 보고, '발' 하면 떠오르는 말을 빈 동그라미에 써 보세요.

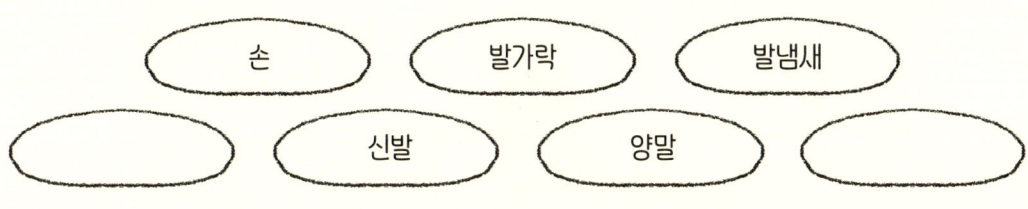

* 말풍선 속 질문에 답해 보세요.

발이 들어가는 속담을 써 보세요.

'발 벗고 나서다'는 어떤 뜻인지 찾아보세요.

'마당발'을 넣어 짧은 글짓기를 해 보세요.

가슴

다람이 사전 어쩌면 사는 동안 가장 아픈 곳.

국어사전 인간이나 동물의 목과 배 사이에 있는 몸의 앞부분. 사람의 심장이나 폐. 마음이나 느낌.

진실하게 말을 하거나 행동하길 바랄 때 '가슴에 손을 얹고'라고 써요. '가슴에 손을 얹고 말해서', '가슴에 손을 얹고 생각해라', '가슴에 손을 얹고 대답해라'처럼요.

_____

_____

* 동그라미 속 말을 보고, '가슴' 하면 떠오르는 말을 빈 동그라미에 써 보세요.

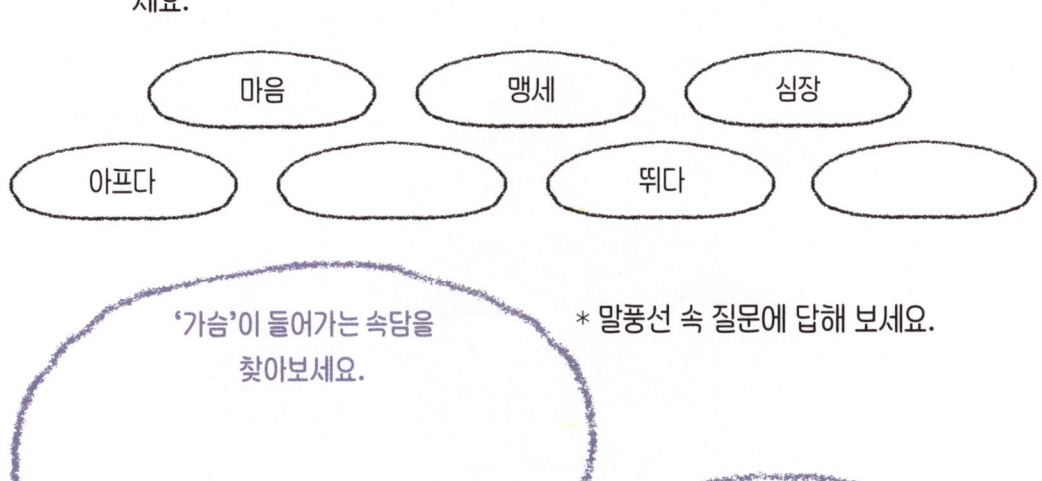

'가슴'이 들어가는 속담을 찾아보세요.

* 말풍선 속 질문에 답해 보세요.

'가슴에 손을 얹다'는 어떤 뜻인지 써 보세요.

'가슴'을 넣어 짧은 글짓기를 해 보세요.

배꼽

다람이 사전 배의 아랫부분 중앙에 움푹 들어가 있어 글자가 숨어 있기 좋은 자리.

엄마 배꼽이 '요' 하고 있어요!

국어사전 배의 한가운데 있는, 탯줄이 떨어진 자리.

배꼽은 탯줄을 끊어 배 한가운데에 생긴 자리를 말해요. 일종의 흉터여서 사람마다 모양이 달라요. 툭 튀어나온 배꼽도 있고 쏙 들어간 배꼽도 있지요. 참외 모양, 동굴 모양, 수염 모양, 단추 모양 등 다양해요.

내 사전

* 동그라미 속 말을 보고, '배꼽' 하면 떠오르는 말을 빈 동그라미에 써 보세요.

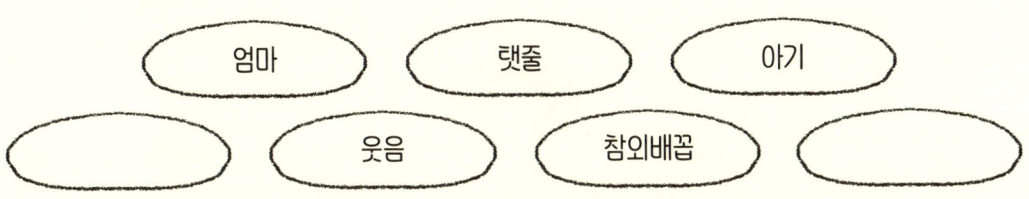

* 말풍선 속 질문에 답해 보세요.

'배꼽'이 들어가는 속담을 찾아보세요.

'배보다 배꼽이 더 크다'는 어떤 뜻인지 써 보세요.

'배꼽시계', '배꼽 친구'는 각각 어떤 뜻인지 써 보세요.

빛

다람이 사전 눈으로 들어와 사람이나 사물을 알아볼 수 있게 해 주는 따뜻하고 선명한 것. 또는 내 앞을 밝혀 주는 엄마.

나에겐 엄마가 빛이야!

국어사전 해, 전등, 불 등과 같이 높은 온도의 물질에서 나와 사물을 밝게 비추는 것.

빛은 밝고 앞으로 나아가는 성질이 있어 희망이나 영광 등을 비유하기도 해요. '너는 내 삶의 빛이야', '그 책 속에는 위대한 빛이 있다'처럼요.

 내 사전 _____

---

* 세상에 빛이 없다면 안 되겠죠? 동그라미 속 말을 보고, '빛' 하면 떠오르는 말을 빈 동그라미에 써 보세요.

(어둠)   (분위기)   (희망)

(   )   (색)   (그림자)   (   )

'빛'이 들어가는 속담을 찾아보세요.

* 말풍선 속 질문에 답해 보세요.

'빛 좋은 개살구'는 어떤 뜻인지 써 보세요.

'어둠은 빛을 이기지 못한다'는 어떤 뜻인지 찾아보세요.

벚꽃

다람이 사전 눈이 내리듯 우수수 떨어지는, 연분홍 꽃잎.

우수수, 나무에서 비가 내리네.

뾰로롱, 나무에서 눈이 내리네.

국어사전 봄에 벚나무에서 피는 연분홍이나 흰 빛깔의 꽃.

벚꽃이 활짝 피면 벚꽃놀이를 가요. 경남 진해, 서울 여의도, 경기 과천 등은 벚꽃놀이 장소로 유명해요. 밤에 가는 벚꽃놀이는 훨씬 더 멋이 있어요.

---

* 동그라미 속 말을 보고, '벚꽃' 하면 떠오르는 말을 빈 동그라미에 써 보세요.

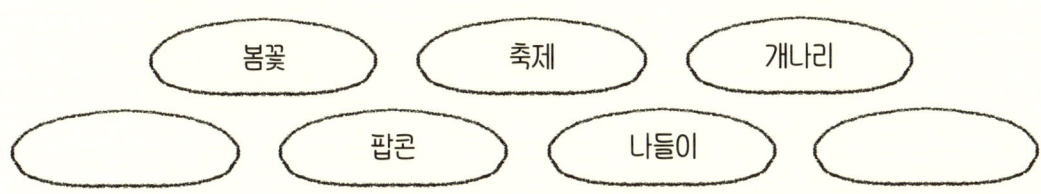

* 말풍선 속 질문에 답해 보세요.

> 벚꽃은 어느 계절이 필까요?

> 벚꽃을 본 적이 있나요?
> 언제, 누구와 함께 보았나요?

> 벚꽃이 피면
> 하고 싶은 일 세 가지를 써 보세요.

파도

다람이 사전 물 위에 생기는 물결. 주로 바다에 이는 것을 가리킨다.

그때마다 그 파도들을 잘 헤쳐 나가길 바라!

국어사전 바다에 이는 물결.

 파도는 어떤 것이 일어나는 모습이나 움직임을 비유해 쓰이기도 해요. '삶의 험난한 파도', '감정의 파도', '역사의 파도'처럼요. 거스르기 힘들거나 갑자기 크게 다가오는 것을 거대한 파도의 성질에 빗대어 표현해요.

내 사전 _____

_____

* 동그라미 속 말을 보고, '파도' 하면 떠오르는 말을 빈 동그라미에 써 보세요.

(배)   (모래사장)   (고난)

(바다)   (   )   (철썩철썩)   (   )

'집채만 한 파도'는
어떤 뜻인지 써 보세요.

* 말풍선 속 질문에 답해 보세요.

파도를 본 적이 있나요?
언제, 어디서, 누구와 함께 보았나요?

'파도'를 넣어
짧은 글짓기를 해 보세요.

늙다

🐿️ **다람이 사전** 낡은 횡단보도 화살표처럼 사람, 사물, 동식물 등이 나이를 많이 먹다.

국어사전 나이가 많이 들다. 기운 등이 한창때를 지나 쇠퇴하다.

채소 이름 중에는 '늙은'이라는 말에 다른 말이 어울려 만들어진 '늙은 오이', '늙은호박'이 있어요. 푸릇푸릇 윤이 나는 오이나 호박이 점점 자라서 색이 누렇거나 주름이 굵게 나는 모습을 '늙은' 것으로 표현한 거예요.

 내 사전

* 나무의 나이는 나이테로 알 수 있어요. 동그라미 속 말을 보고, '늙다' 하면 떠오르는 말을 빈 동그라미에 써 보세요.

(할아버지)   (흰머리)   (외로움)

(   )   (지팡이)   (지혜)   (   )

* 말풍선 속 질문에 답해 보세요.

'늙다' 하면 가장 먼저 떠오르는 사람은 누구인가요?

'늙다'라는 말 대신 쓸 수 있는 말들을 찾아보세요.

'늙다'를 넣어 짧은 글짓기를 해 보세요.

53

슬프다

다람이 사전 눈물이 날 만큼 마음이 아프고 괴롭다.

난 슬프면 마음에서 피가 나는 것 같아.

국어사전 서럽거나 불쌍한 마음이 들어 몹시 아프고 괴롭다.

 '슬프다'의 반대말은 '기쁘다'예요. '슬픔'과 '기쁨'이라는 양 끝에 있는 감정 형용사예요. '친구와 헤어져서 슬펐다', '여행을 가서 기뻤다'처럼 각각 쓰이기도 하고, '슬플 때나 기쁠 때나', '슬프면서 기쁜 날', '슬픈데 기뻐', '슬프고 기뻤다'처럼 함께 쓰이기도 해요.

 내 사전 _____

_____

* 오늘은 '슬픈 날'인가요, '기쁜 날'인가요? 동그라미 속 말을 보고, '슬프다' 하면 떠오르는 말을 빈 동그라미에 써 보세요.

(기분)   (눈물)   (상처)

(   )   (좋다)   (싫다)   (   )

슬프다고 생각한 적이 있나요?
언제 그런 생각이 들었나요?

* 말풍선 속 질문에 답해 보세요.

'슬프다' 대신 쓸 수 있는
말들을 찾아보세요.

슬픈 날에 하면 좋은 일들을
써 보세요.

55

시험

다람이 사전 지식이나 능력을 일정한 방식으로 점수 매겨 판정을 내리다.

국어사전 재능이나 실력 따위를 일정한 절차에 따라 검사하고 평가하는 일.

　세상에서 제일 하기 싫은 공부는 뭘까요? 아마 시험 공부가 아닐까요? 공부 안 한 게 시험 문제로 나오면 울고 싶을 것 같아요.

 내 사전 _____

_____

---

* 동그라미 속 말을 보고, '시험' 하면 떠오르는 말을 빈 동그라미에 써 보세요.

(문제)   (점수)   (선생님)

(   )   (벼락치기)   (시험공부)   (   )

* 말풍선 속 질문에 답해 보세요.

'시험대에 오르다'는
어떤 뜻인지 써 보세요.

'시험하다'는
어떤 뜻인지 써 보세요.

시험 볼 때 기분은 어떤가요?
짧게 써 보세요.

달력

🐿️ 다람이 사전 까만 날이 빨간날보다 많아서 보고 있으면 속상하다.

📖 국어사전 한 해의 달, 날, 요일, 절기, 행사일 등을 날짜에 따라 적어 놓은 것.

예로부터 우리나라 사람들은 여름에는 부채를 선물하고 겨울에는 달력을 선물했어요. 12월 22일 동지를 해의 끝이자 새해의 시작으로 보았기 때문이에요. 그래서 동지는 설과 비교해 '작은설'이라고 했지요.

 내 사전 _____

_____

* 동그라미 속 말을 보고, '달력' 하면 떠오르는 말을 빈 동그라미에 써 보세요.

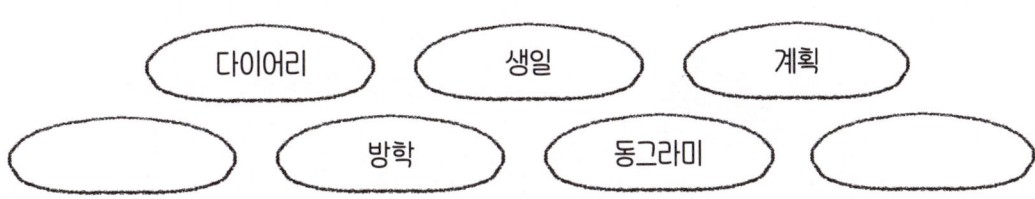

* 말풍선 속 질문에 답해 보세요.

1월부터 12월까지 중에서 가장 좋아하는 달은? 그 이유는 무엇인가요?

음력과 양력은 어떻게 다를까요?

1년 중에 가장 기다려지는 날은 언제인가요? 그 이유는 무엇인가요?

싫다

다람이 사전 어떤 일을 하고 싶지 않다.

국어사전 마음에 들지 않다. 어떤 일을 하고 싶지 않다.

 '싫다'의 반대말은 '좋다'예요. '싫다'와 '좋다'가 같이 쓰인 속담 중에 '좋은 노래도 세 번 들으면 귀가 싫어한다'가 있어요. 비슷한 뜻의 속담으로 '듣기 좋은 꽃노래도 한두 번이지'가 있어요.

---

* 동그라미 속 말을 보고, '싫다' 하면 떠오르는 말을 빈 동그라미에 써 보세요.

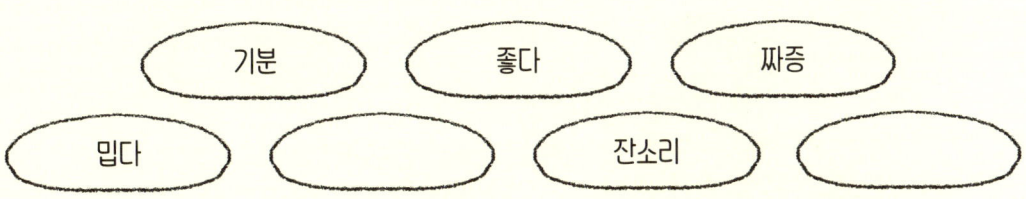

* 말풍선 속 질문에 답해 보세요.

오늘 하루 '싫다'는 말을 몇 번이나 했나요? 그 이유는 무엇이었나요?

가장 최근에 '싫다'라는 말을 언제, 어떤 상황에서 했나요?

'싫다' 대신 쓸 수 있는 말을 찾아보세요.

뿔

🟠다🟠람🟠이 🟠사🟠전 엄마가 화날 때 솟아나는 딱딱한 새싹. 또는 그런 엄마의 화.

🟣국🟣어🟣사🟣전 소나 사슴과 같은 동물의 머리에 난 단단하고 뾰족한 것. 기분이 나쁘거나 화가 나고 분한 감정.

누군가 잔뜩 뿔난 모습이면 어떤 느낌이 드나요? 씩씩대는 상대의 모습이 무서운가요? 위험하니 바로 도망쳐야 할 것 같나요? '화났다'는 말보다 '뿔났다'는 말이 확실히 강렬하지요.

 내 사전 _____

_____

---

* 뿔이 있는 동물이 많지요? 동그라미 속 말을 보고, '뿔' 하면 떠오르는 말을 빈 동그라미에 써 보세요.

(소)   (뾰족하다)   (위험하다)

(   )   (머리)   (들이받다)   (   )

* 말풍선 속 질문에 답해 보세요.

'못된 송아지 엉덩이에 뿔이 난다'는 어떤 뜻인지 써 보세요.

'쇠뿔도 단김에 빼라'는 어떤 뜻인지 써 보세요.

'뿔'이 들어간 짧은 문장을 써 보세요.

유리병

다람이 사전 깨지기 쉬운 내 마음. 또는 그런 마음을 가진 나.

국어사전 유리로 만든 병.

유리처럼 깨지기 쉬운 정신을 '유리 멘털'이라고 해요. 대범하지 못한 성격을 비유한 거예요. 비슷한말로 '두부 멘털'이 있고, 반대말로는 '강철 멘털'이 있어요.

 내 사전 _____

_____

* 유리병은 깨지기 쉬워서 조심조심 만져야 해요. 동그라미 속 말을 보고, '유리병' 하면 떠오르는 말을 빈 동그라미에 써 보세요.

(물)   (뚜껑)   (냉장고)

(   )   (딸기잼)   (투명)   (   )

* 말풍선 속 질문에 답해 보세요.

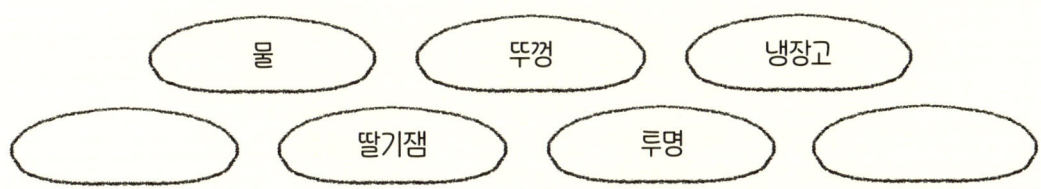

'유리 같은 마음'은 어떤 뜻인지 써 보세요.

우리 집에 유리로 만든 것이 있나요? 어떤 것들인지 써 보세요.

최근에 내 마음이 유리처럼 깨진 적이 있나요? 언제, 왜 그랬나요?

밥

🟠**다람이 사전** 배고프지 않아도 꼭 먹어야 하는 음식. 엄마가 해 준 밥이 가장 맛있지만 가끔은 딴 게 먹고 싶기도 하다.

🟣**국어 사전** 쌀 또는 다른 곡식에 물을 붓고 물이 없어질 때까지 끓여서 익힌 음식. 매일 일정한 때에 먹는 음식.

밥 중에 가장 먹기 싫은 밥은 무엇일까요? 아마 '눈칫밥'이 아닐까요? 다른 사람의 눈치를 살피면서 불편하게 먹으면 밥 먹다가 금방이라도 체할 거 같으니까요.

 내 사전 _____

_____

* 하루에 밥을 몇 번 먹나요? 동그라미 속 말을 보고, '밥' 하면 떠오르는 말을 빈 동그라미에 써 보세요.

- 반찬
- 빵
- 고기
- 가족
-
- 국
-

밥에 관한 속담을 찾아서 써 보세요.

* 말풍선 속 질문에 답해 보세요.

'밥 한번 먹자'라는 말은 언제 쓰는 말일까요?

'밥값은 해야지'라는 말은 무슨 뜻인지 써 보세요.

연필깎이

다람이 사전 연필을 먹으면 나뭇밥을 다 뱉어 버리는 편식쟁이 쇳덩이.

연필깎이는 나무는 맛없고 딱딱한 심만 맛있나 봐.

국어사전 연필을 깎는 데에 쓰는 기구.

    연필을 깎으면 연필깎이, 발톱을 깎으면 발톱깎이, 손톱을 깎으면 손톱깎이, 잔디를 깎으면 잔디깎이. '깎이'가 들어간 말이 제법 있어요.

 _____

_____

---

* 동그라미 속 말을 보고, '연필깎이' 하면 떠오르는 말을 빈 동그라미에 써 보세요.

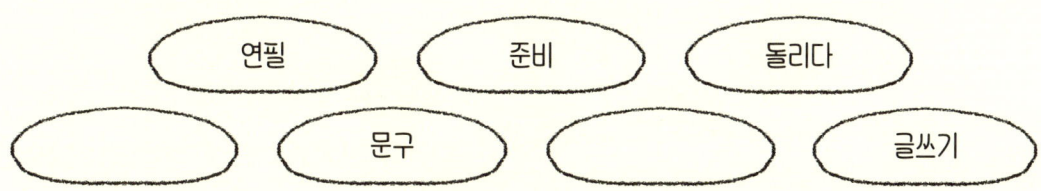

* 말풍선 속 질문에 답해 보세요.

연필깎이를 돌리고 있으면 어떤 마음이 드나요?

우리 집에 있는 '깎이'들을 찾아보세요.

연필깎이가 들어간 짧은 문장을 써 보세요.

송곳

다람이 사전 화가 나 한껏 날카로워진 엄마. 또는 그런 엄마의 상태.

국어사전 작은 구멍을 뚫는 데 쓰는 도구. 쇠로 만들며 끝은 뾰족하고 자루가 달려 있다.

 송곳은 나무나 쇠붙이 등에 작은 구멍을 뚫기 위해 쓰는 도구예요. 뾰족하고 긴 날과 손잡이용 자루로 되어 있어요. 주머니를 뚫고 튀어나온 송곳처럼 어떤 일이 드러난다는 속담으로 '주머니에 들어간 송곳이라'가 있어요.

 _____

_____

* 동그라미 속 말을 보고, '송곳' 하면 떠오르는 말을 빈 동그라미에 써 보세요.

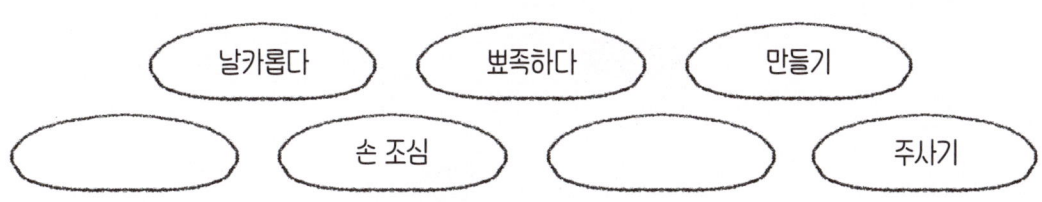

'송곳'이 들어간 다른 말을 찾아보세요.

* 말풍선 속 질문에 답해 보세요.

송곳처럼 뾰족한 물건에는 어떤 것들이 있는지 찾아보세요.

송곳을 만지려고 하면 엄마나 선생님이 무슨 말을 가장 먼저 하나요?

여드름

다람이 사전 따도 따도 오빠 얼굴에 열리는 노랗고 빨간 열매.

국어사전 주로 사춘기에 얼굴이나 몸 등에 볼록하게 솟아 나오는 붉고 작은 염증.

여드름이 많이 난 사람을 일상에서 '여드름 박사'라고 해요. '여드름쟁이'를 '박사'로 놀리듯이 하는 말이에요. '나는 어릴 때 별명이 여드름 박사였다'처럼 쓰여요.

 내 사전

* 동그라미 속 말을 보고, '여드름' 하면 떠오르는 말이나 사람을 빈 동그라미에 써 보세요.

(피부)   (사춘기)   (거울)

(   ) (뾰루지) (   ) (고민)

* 말풍선 속 질문에 답해 보세요.

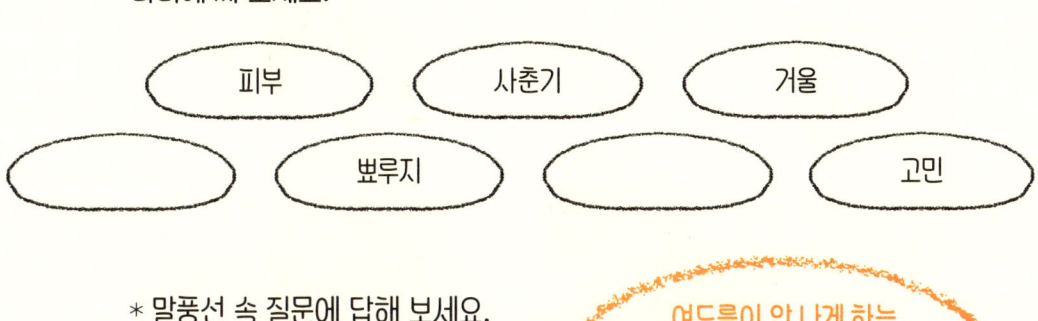

여드름이 안 나게 하는 방법 세 가지를 써 보세요.

여드름이 난 친구나 가족에게 해 주고 싶은 말을 써 보세요.

여드름을 넣어 짧은 글짓기를 해 보세요.

삐딱하다

다람이 사전 마음이 일자로 줄을 서지 않고 삐뚤어져 있다.

국어사전 물체가 한쪽으로 비스듬히 기울어져 있다. 생각이나 말, 행동 등이 바르지 못하고 조금 비뚤어져 있다.

'삐딱하다'는 '삐딱하게 굴다', '남의 말을 삐딱하게 받아들이다', '사람이 삐딱하다'처럼 쓰여요. 행동, 성미, 생각 등이 반듯하지 못하고 어딘가 비뚤어져 있다는 뜻이에요.

 _____

_____

---

* 동그라미 속 말을 보고, '삐딱하다' 하면 떠오르는 말을 빈 동그라미에 써 보세요.

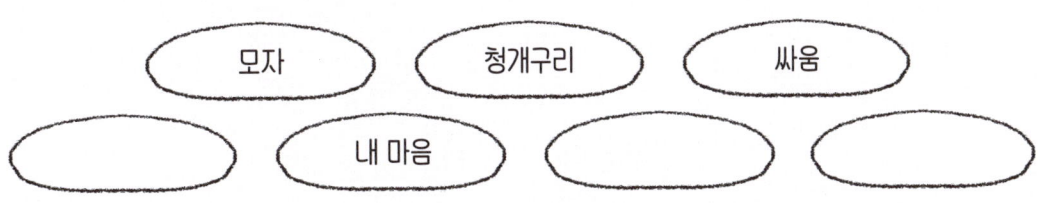

'삐딱한 내 마음'처럼 '삐딱한'과 어울리는 말을 써 보세요.

* 말풍선 속 질문에 답해 보세요.

최근에 내 마음이 삐딱해진 적이 있나요? 언제, 어떤 상황에서였나요?

다음에 또 내 마음이 삐딱해진다면 어떻게 행동하면 좋을까요?

삐지다

다람이 사전 뭔가가 불만스러워 팩 토라지다.

너 자꾸 삐지면 엄마도 삐진다!

국어사전 화가 나거나 서운해서 마음이 뒤틀리다.

 '삐지다'는 '또 삐지다', '잘 삐지다'처럼 자주 반복되거나 쉽게 일어나는 '또', '잘'과 어울려 쓰여요. 그리고 '그만한 일에', '사소한 일에', '작은 일에' 등 말하는 사람은 대수롭지 않다고 여기는 일이 앞에 와요.

내 사전

_____

_____

---

* 사람들은 왜 삐질까요? 동그라미 속 말을 보고, '삐지다' 하면 떠오르는 말을 빈 동그라미에 써 보세요.

(동생)　(화나다)　(싸움)

(　　)　(못생겨진 얼굴)　(　　)　(　　)

* 말풍선 속 질문에 답해 보세요.

> 내가 삐졌을 때 친구들이 어떻게 해 줬으면 하나요?

> 가족 중에 삐진 사람이 있다면 어떻게 해 주면 좋을까요?

> 여러분은 삐졌을 때 주로 어떤 말과 행동을 하나요? 그렇게 하는 이유는 무엇인가요?

사과하다

다람이 사전 나의 잘못을 인정하고 다른 사람에게 용서를 빌다.

국어사전 자신의 잘못을 인정하며 용서해 달라고 빌다.

사과할 때 가장 쓰지 말아야 할 말이 '기분 나빴다면 사과할게'예요. 자신의 잘못을 뉘우치지 않고 기분이 상한 상대에게 이유를 떠넘기는 태도이기 때문이에요.

 _____

_____

* 동그라미 속 말을 보고, '사과하다' 하면 떠오르는 말을 빈 동그라미에 써 보세요.

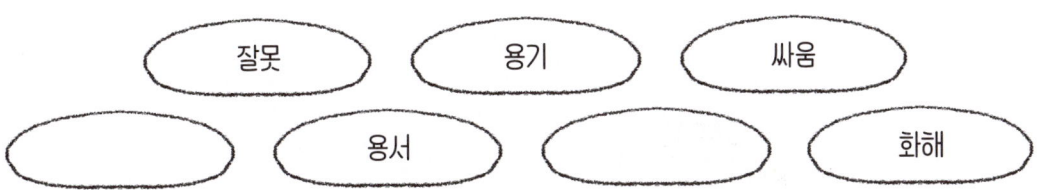

* 말풍선 속 질문에 답해 보세요.

친구나 가족에게 사과하고 싶은데 못 한 적이 있나요? 왜 그랬나요?

사과하고 싶을 때는 어떻게 하는 게 좋을까요?

사과할 때 쓰는 표현으로 어떤 말이 있을지 생각해 보세요.

인생

다람이 사전 한 치 앞도 알 수 없는 사람의 세상살이.

국어사전 사람이 세상을 살아가는 일.

인생은 많은 것에 비유해 말해요. '인생은 가시밭길', '인생은 나그네 길', '인생은 미완성', '인생은 생방송'처럼요. 인생을 험하고, 정한 데 없고, 멈추지 않고, 연습이 없다는 점에 빗댄 말이에요.

 _____

_____

* 동그라미 속 말을 보고, '인생' 하면 떠오르는 말을 빈 동그라미에 써 보세요.

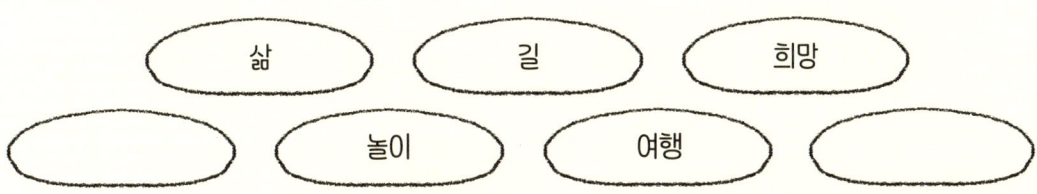

* 말풍선 속 질문에 답해 보세요.

　　인생을 색깔로 표현하면
　무슨 색일까요? 왜 그렇게 생각했나요?

　인생을 맛으로 표현하면
어떤 맛일까요? 왜 그렇게 생각했나요?

　인생을 넣어
짧은 글짓기를 해 보세요.

열매

다람이 사전 나무의 아이.

국어사전 사과, 배 등과 같이 식물의 꽃이 지고 난 뒤에 그 자리에 생기는 것.

열매는 좋은 결과를 비유해 말하기도 해요. '인내는 쓰지만 그 열매는 달다', '새 생각은 좋은 열매를 맺게 한다'처럼요.

내 사전 _____

_____

* 동그라미 속 말을 보고, '열매' 하면 떠오르는 말을 빈 동그라미에 써 보세요.

(빨간색) (과일) (꽃)

(   ) (보람) (도토리) (   )

열매가 열리는 나무를 찾아서 써 보세요.

* 말풍선 속 질문에 답해 보세요.

'열매를 맺다'는 무슨 뜻인지 써 보세요.

'꽃이 먼저 피고 열매는 나중에 맺는다'는 어떤 뜻인지 써 보세요.

자르다

다람이 사전 잔뜩 쌓인 엄마의 일 더미를 뚝 끊어 내다.

국어사전 물체를 베거나 동강을 내어 일부를 끊어 내다.

이어져 있는 종이, 천, 털, 물건 등을 끊는 것을 '자르다'라고 해요. 말을 더 하지 못하게 끊거나 일을 더 이상 하지 못하게 쫓아내거나 상대의 부탁을 거절할 때도 '자르다'를 써요.

 내 사전

* 동그라미 속 말을 보고, '자르다' 하면 떠오르는 말을 빈 동그라미에 써 보세요.

(싹둑)   (가위)   (반창고)
(   )   (종이)   (머리카락)   (   )

* 말풍선 속 질문에 답해 보세요.

'자르다'와 '잘리다'는 어떻게 다른지 써 보세요.

'말머리를 자르다', '말허리를 자르다'는 각각 어떤 뜻인지 써 보세요.

'자르다'를 넣어 짧은 글짓기를 해 보세요.

85

산타

다람이 사전 아무도 실제로 본 적은 없으나 있다고 믿는, 12월 25일 새벽에 열심히 일하는 할아버지.

국어사전 흰 수염에 붉은색 옷을 입고 성탄절 전날 밤에 아이들에게 선물을 준다고 알려진 할아버지.

성탄절에 받고 싶었던 거랑 다른 선물을 받아 본 적이 있나요? 예쁜 여동생을 선물 받고 싶었는데, 인형 놀이 세트를 받지는 않았나요? 올 성탄절에는 산타에게 어떤 선물을 받고 싶은가요?

내 사전

_____

_____

---

* 몇 살까지 산타가 있다고 믿었나요? 동그라미 속 말을 보고, '산타' 하면 떠오르는 말을 빈 동그라미에 써 보세요.

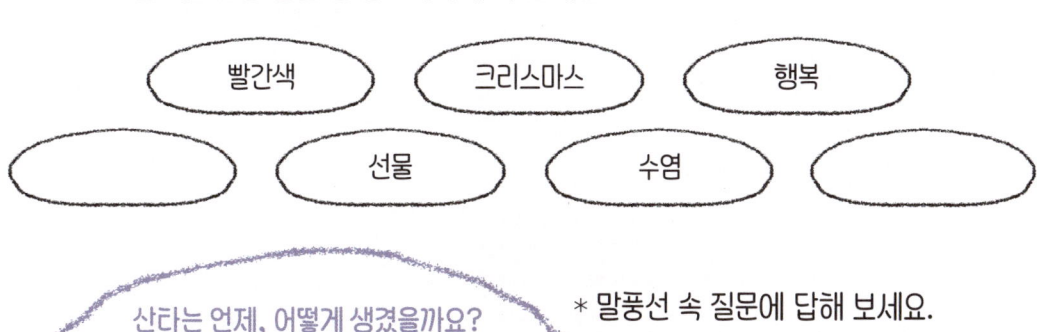

* 말풍선 속 질문에 답해 보세요.

산타는 언제, 어떻게 생겼을까요?
인터넷에서 찾아보세요.

가장 기억에 남는 성탄절은
언제인가요? 왜 기억에 남나요?

다가오는 성탄절을
어떻게 보내고 싶은가요?

87

폭풍우

다람이 사전 기뻤다 화났다 좋았다 나빴다 즐거웠다 슬펐다 등 내 감정이 한 차례씩 휘몰아치는 것.

국어사전 몹시 센 바람이 불면서 세차게 쏟아지는 큰 비. (비유적으로) 생활이나 사업에서 고통이나 어려움을 겪음.

폭풍우는 생활, 사업 등에서 겪는 어려움이나 난관을 비유해 말하기도 해요. '회사 생활에 폭풍우가 몰아치다', '집에 폭풍우가 닥치다', '경제에 폭풍우가 덮치다'처럼요.

 내 사전

* 동그라미 속 말을 보고, '폭풍우' 하면 떠오르는 말을 빈 동그라미에 써 보세요.

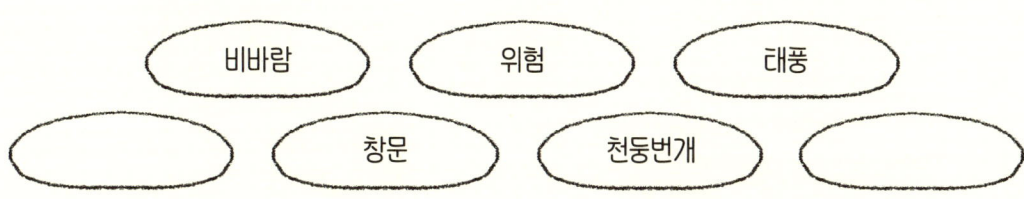

* 말풍선 속 질문에 답해 보세요.

오늘 하루는 '폭풍우' 같았나요, '잔잔한 호수' 같았나요?

마음에 폭풍우가 몰아치는 가족이 있다면 어떻게 해 주면 좋을까요?

내 마음에 폭풍우가 불 때는 어떻게 하나요?

아쉬움

다람이 사전 소중한 것이 형체를 모르게 사라져 마음에 이는 여러 생각.

눈이 녹았네……. 눈사람이 여행을 떠났어!

국어사전 바라는 만큼 되지 않아 아깝고 서운한 마음.

우리 마음은 욕심쟁이라 늘 아쉽고 부족해요. 도대체 마음의 크기는 얼마만 하기에 채워도 채워도 부족할까요? 그래서 '아쉬운 듯 먹어라', '아쉬울 때 떠나라'는 말이 생겼나 봐요. 우리 약속해 볼까요? 게임도 아쉬울 때 헤어질 것! 하고 싶은 공부는 아쉽지 않게 맘껏 할 것!

_____

_____

---

* 동그라미 속 말을 보고, '아쉬움' 하면 떠오르는 말을 빈 동그라미에 써 보세요.

(섭섭함)   (모자람)   (아깝다)

(   )   (게임)   (   )   (친구)

(오늘 하루 중에 아쉬움을 느꼈던 일이 있나요?)

* 말풍선 속 질문에 답해 보세요.

('아쉬운 소리'는 언제, 어느 때 하는 말일까요?)

('개똥도 약에 쓰려면 없다'라는 속담은 어떤 뜻인가요?)

사랑하다

🐿️ 다람이 사전 아끼고 소중히 여겨 정성을 다해 위하다.

📘 국어사전 상대를 몹시 아끼고 위하며 소중히 여기다.

 사랑에는 여러 모습이 있어요. 사람을 좋아하는 마음. 부모나 선생님, 윗사람이 자식이나 제자, 아랫사람을 소중히 여기는 마음. 이웃이나 인류를 돕고 헤아리는 마음. 물론 식물과 동물을 아끼는 마음도 사랑이지요.

내 사전

* 동그라미 속 말을 보고, '사랑하다' 하면 떠오르는 말을 빈 동그라미에 써 보세요.

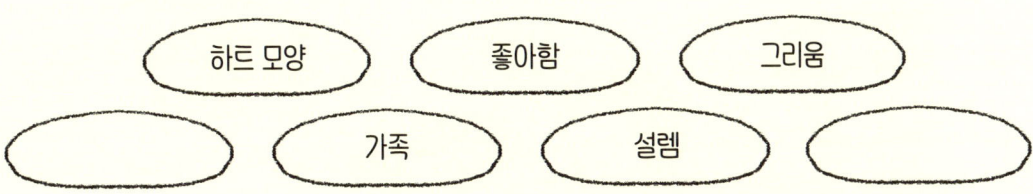

* 말풍선 속 질문에 답해 보세요.

'사랑은 내리사랑'이라는 말은 어떤 말인지 써 보세요.

'사랑하다'와 '좋아하다'의 차이는 뭐라고 생각하는지 써 보세요.

사랑하는 가족이나 친구한테 하고 싶은 말을 써 보세요.

| 찾아보기 |

ㄱ
가슴 42
고양이 12
궂다 14

ㄴ
녹슬다 16
눈웃음 22
늙다 52

ㄷ
단짝 24
달력 58
닭 26
떡 28

ㅁ
말맛 30
목련 18

ㅂ
발 40

밥 66
배꼽 44
벚꽃 48
별 20
빛 46
뿔 62
삐딱하다 74
삐지다 76

ㅅ
사과하다 78
사랑하다 92
산타 86
세탁기 36
송곳 70
슬프다 54
시험 56
싫다 60

ㅇ
아빠 38
아쉬움 90

여드름 72
연필깎이 68
열매 82
유리병 64
인생 80

ㅈ
자르다 84
잔소리 32

ㅊ
체중계 34

ㅍ
파도 50
폭풍우 88

그린이 김푸른

아크(AC)에서 일러스트레이션을 공부했습니다. 만화, 애니메이션, 페인팅, 세라믹 등 다양한 매체에 관심이 많습니다. 자전거를 타며 노을 구경하는 것을 좋아합니다.

내가 만드는 생각그물사전
:낱말을 보고 상상하고 이야기해요

초판 인쇄 2025년 9월 15일
초판 발행 2025년 9월 25일

지은이 박선영, 정예원
펴낸이 정은영
편집 노정임
그림 김푸른
디자인 이지인
마케팅 정원식, 정은숙

펴낸곳 주니어마리
출판등록 제2019-000293호
주소 (10542) 경기도 고양시 덕양구 청초로10 GL메트로시티 A2-1001호
전화 02)336-0729, 0730
팩스 070)7610-2870
홈페이지 www.maribooks.com
전자우편 mari@maribooks.com
인스타그램 @themaribooks
인쇄 (주)신우인쇄

ISBN 979-11-94743-15-6 (73700)

- 이 책은 마리북스가 저작권자와의 계약에 따라 발행한 것이므로 본사의 허락 없이는 어떠한 형태나 수단으로도 이용하지 못합니다.
- 잘못된 책은 바꿔드립니다.
- 가격은 뒤표지에 있습니다.